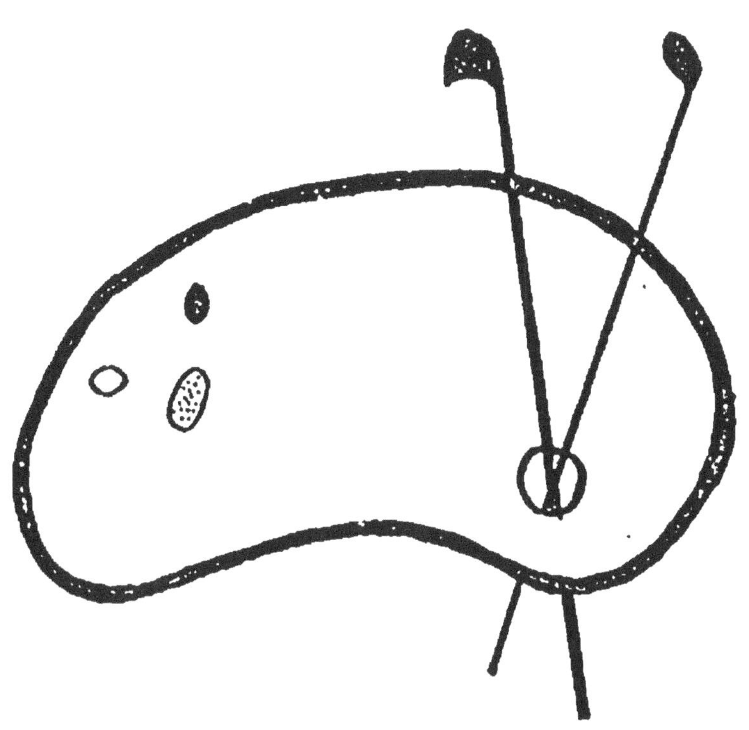

DEBUT D'UNE SERIE DE DOCUMENTS
EN COULEUR

A. DAL

[FONDE]MENTS SOCIALISTES

avec une lettre-préface de

CH. MALATO

Le socialisme ne peut pas être réformiste, s'il se refuse à être révolutionnaire, il tombe forcément dans les bras de la réaction.

P. KROPOTKINE

Les Temps Nouveaux No 52, 5me année.

PRIX : 30 CENTIMES

EN DÉPOT :

AUX TEMPS NOUVEAUX, 4, rue Broca
et AU LIBERTAIRE, 15, rue d'Orsel.

PARIS 1904

A LIRE :

LES TEMPS NOUVEAUX, 4, rue Broca, Paris

LE LIBERTAIRE, 15, rue d'Orsel,   »

LIBRE EXAMEN, Passage Sts-Simoniens (rue Pixé-
    récourt), Paris.

L'ACTION ANTIMILITARISTE, 45, rue Saintonge,
    Paris.

LE RÉVEIL, 6, rue des Savoises, Genève (Suisse).

L'INSURGÉ, 97, rue Laixhean, Herstal (Liège).

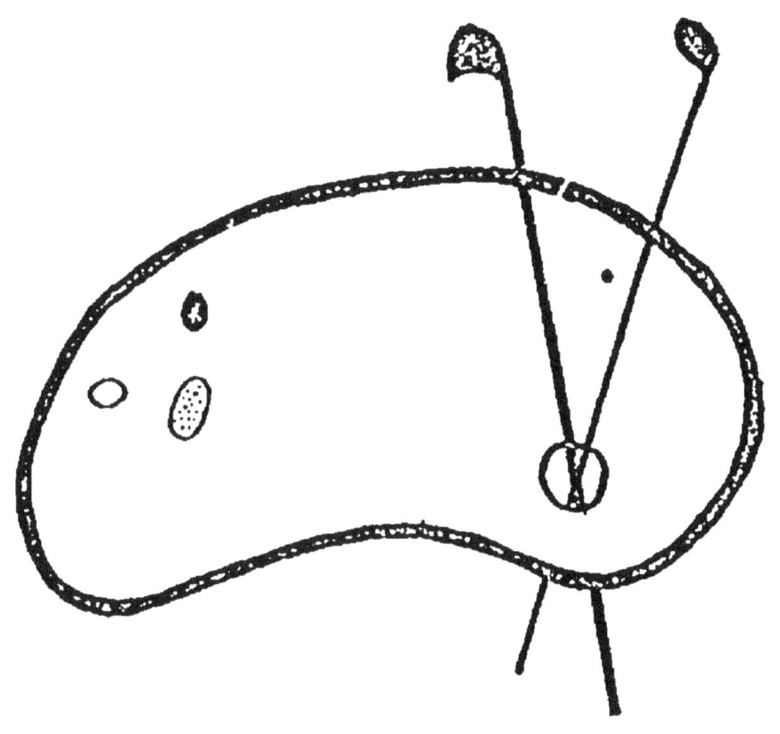

FIN D'UNE SERIE DE DOCUMENTS
EN COULEUR

A. DAL

DOCUMENTS SOCIALISTES

avec une lettre-préface de

CH. MALATO

> *Le socialisme ne peut pas être réformiste, s'il se refuse à être révolutionnaire, il tombe forcément dans les bras de la réaction.*
>
> P. KROPOTKINE
>
> Les Temps Nouveaux No 52, 5ᵐᵉ année.

PRIX : 30 CENTIMES

EN DÉPOT

AUX TEMPS NOUVEAUX, 4, rue Broca
et AU LIBERTAIRE, 15, rue d'Orsel.

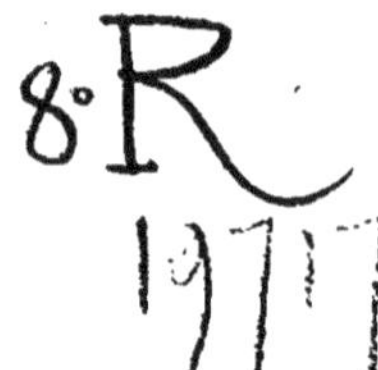

LETTRE-PRÉFACE

Vous m'invitez, cher camarade, à joindre quelques lignes à l'œuvre documentaire que vous venez de terminer. Je le fais bien volontiers quoique cette œuvre puisse se passer de tout commentaire, lettre ou préface, car vous laissez les socialistes parler eux-mêmes à différentes époques et c'est le lecteur qui doit tirer la conclusion.

Oui, il est vrai que, comme toute chose vivante, le socialisme a subi son évolution, qu'il n'est plus l'épopée héroïque commencée par Babeuf et Darthé ni le rêve pur, génial et harmonique de Fourier. Dans l'âpre lutte d'ambitions et de convoitises qui remplit notre monde gouvernemental et capitaliste, il est devenu l'étiquette d'un nouveau parti qui, après les conservateurs, après les opportunistes, après les modérés, cherche à son tour à arriver au pouvoir. Ce jour-là, adieu les dernières tirades sur la transformation sociale ! Les néo-dirigeants, pourvus de bon appétit parce qu'ils ont attendu longtemps, se partageraient les fonctions lucratives et en créeraient de nouvelles aux frais des travailleurs avec un entrain rappelant la fameuse scène des ministres dans Ruy Blas.

Cette transformation d'un parti populaire en parti de gouvernement, c'est-à-dire d'autorité et d'exploitation, l'histoire nous l'a montrée bien des fois. C'est le christianisme, né des grandes révoltes d'opprimés au sein de la société romaine et qui, détourné de sa voie primitive par l'ambition ou l'opportunisme, recouvert peu à peu des oiseuses subtilités de la philosophie grecque et des superstitions asiatiques, devient la plus tyrannique des religions. C'est la réforme du XVI° siècle qui, une fois les anabaptistes et les zwingliens — c'est-à-dire les révolutionnaires — vaincus, aboutit au piétisme sectaire des églises protestantes. C'est l'idée républicaine qui, grande et sociale, avec Marat, les Hébertistes et les enragés, dont les débris se retrouvent dans la conspiration communiste de Babeuf, aboutit ensuite, d'évolution en évolution, à la consécration d'une oligarchie bourgeoise, laissant un prolétariat immense voué aux travaux forcés ou à la faim, au milieu de fictions grandiloquentes et de majestueux décors démocratiques.

Aujourd'hui, c'est la déviation socialiste. Anarchistes, faisons attention à ne pas nous égarer à notre tour, demain, dans quelque sentier de traverse !

Cette brochure vient à son heure, au moment où le Congrès d'Amsterdam a mis en lumière l'évolution des chefs socialistes les plus influents vers le radicalisme bourgeois. Celui-ci, il y a un quart de siècle avait aussi évolué vers l'opportunisme : le Jaurès d'alors s'appelait Gambetta. L'histoire d'aujourd'hui c'est celle d'hier; puisse l'histoire de demain n'être pas celle d'aujourd'hui !

Mais Guesde, qui fut député sans amener la révolution sociale, mais Plekhanoff qui répudie les héroïques terroristes russes, mais Iglesias qui osa parler, lors de la grande grève de Barcelone, de s'allier aux gendarmes assassins contre les perturbateurs anarchistes, ont-ils qualité pour flétrir le modérantisme de Jaurès ? Ont-ils qualité les chefs social-démocrates allemands qui calomnièrent le martyr anarchiste Reinsdorf et, après avoir déclaré : « Parlementer c'est trahir ! » multiplièrent les témoignages de loyalisme au Kaiser, déclarant, en fin de compte son gouvernement le meilleur de tous ? Ont-ils qualité les socialistes italiens dont une partie avec Turati, d'ores et déjà ralliés à la monarchie et réservant leurs ardeurs combatives contre les anarchistes, se tiennent prêts à accepter des portefeuilles ?

Il y aurait dans le spectacle de ces révolutions régressives, de ces déviations d'individus et de partis un sujet de découragement et de pessimisme sans bornes, si on ne se disait que les noms et les étiquettes peuvent perdre leur valeur, en arriver même à signifier le contraire de ce qu'ils signifiaient autrefois, mais que les tendances humaines vers le bien-être, la liberté et la lumière demeurent indestructibles, intimement liées à la vie même de l'humanité.

La conclusion que nous pouvons en tirer c'est que si nous voulons réaliser nos idées, faire des visions éblouissantes qui s'agitent dans notre cerveau une réalité, nous devons agir. Nous réfugier dans une sorte de philosophie absolue, en dehors de la vie réelle et sans action sur les événements, serait un suicide. Nous engager à la suite des socialistes dans l'engrenage parlementaire qui les a émasculés ou corrompus en serait un autre.

Notre rôle est de demeurer dans la masse comme un ferment, d'agir sans cesse, par la propagande certes, mais plus encore par l'action parce que l'action, elle-même génératrice d'idées, touche seule les masses pour les faire réfléchir et se mouvoir. Que pas un fait social ne s'accomplisse sans que nous disions notre mot; multiplions les campagnes contre toutes les institutions qui servent de support à la société actuelle. Ni flatteurs ni ennemis du peuple, restons avec le peuple pour l'éclairer et l'entraîner en payant de notre personne sans autre profit que la satisfaction de notre esprit et de notre cœur. Ainsi nous irons à la révolution !

Ch. MALATO.

AVANT-PROPOS

Les socialistes trahissent les prolétaires, abandonnent le socialisme, ils sont devenus bourgeois profitant de la foi que les travailleurs ont eu en eux.

Si vous voulez savoir si c'est exact, ne vous confiez pas à moi mais écoutez-les eux-mêmes. Ils vous fourniront assez d'arguments.

Mais comment un parti bourgeois peut-il s'intituler parti socialiste ?

Grâce à son histoire. Autrefois, c'était un parti socialiste (socialiste autoritaire) par conséquent ouvrier et révolutionnaire, mais peu à peu il est devenu partout bourgeois et légalitaire.

Voilà les paroles de Marx, d'Engels et de Liebknecht :

« Les communistes considèrent commé défavorable de cacher leurs intentions. Ils disent franchement que leur but ne peut être atteint que par la destruction violente du régime existant. Les classes privilégiées peuvent redouter la révolution communiste; le prolétariat ne pourra y perdre que ses chaînes. » (Manifeste communiste de Marx et Engels 1848).

Au Congrès de Gand, Marx dit : « Nous devons employer la vioance pour établir un gouvernement révolutionnaire. »

Dans *Die Neue Reinische Zeitung* Marx dit : « Il n'y a qu'un moyen d'échapper à toutes les souffrances : c'est le terrorisme révolutionnaire ».

Je pourrais citer beaucoup d'autres preuves du révolutionnaisme de Marx, mais je crois qu'en voilà déjà assez. Ecoutons plutôt Liebknecht.

Dans sa brochure *sur la Situation politique de la Social-Démocratie* (éd. 1869), il dit : Le socialisme n'est plus une question de théorie, c'est une question de force, elle ne peut être résolue au Parlement, mais dans les rues et dans la bataille. Le Parlement n'est utile qu'aux petits bourgeois. »

Dans le *Vorwärts* (1871, n° 2) Liebknecht dit encore :

« Notre attitude envers le Parlement doit être rigoureusement hostile. Les députés socialistes doivent venir une fois à la Chambre pour protester contre cette comédie et ensuite s'éloigner de cette *Kunstkammer* (chambre des blagues). Les socialistes ne doivent pas et ne peuvent pas avoir de négociations avec leurs adversaires s'ils ne veulent pas sacrifier leurs principes. S'ils se compromettent un peu, c'est la trahison des principes. »

En Allemagne plutôt qu'ailleurs le socialisme se fait bourgeois. Cela commence en 1878. Cette année, pour la première fois, nous rencontrons dans le *Vorwärts* la déclaration suivante : « Si vous voulez, travailleurs, que nous puissions faire quelque chose pour vous, vous n'avez qu'à augmenter le nombre de nos députés au Reichstag ».

Nous ne retrouvons que bien plus tard cette évolution dans les autres pays, nous trouvons encore dans l'*Egalité*, organe guesdiste, du 21 janvier 1880 : « Notre affaire n'est pas d'avoir beaucoup de députés au Parlement, notre affaire est d'organiser les travailleurs pour la révolution. »

Mais si l'Allemagne a donné l'exemple de transformer le socialisme en parti bourgeois, tous les socialistes de tous les pays ont, sans exception, suivi cet exemple.

*   *
*

Si le même phénomène ne s'était pas identiquement reproduit dans tous les pays je ne me donnerais pas la peine de le signaler, mais nous rencontrons partout le socialisme révolutionnaire à ses débuts et partout il devient légalitaire et bourgeois. Il est aisé de voir que c'est sous l'influence d'une même cause.

Cette cause, nul ne peut mieux nous la montrer que Bebel. Au Congrès de Halle il disait que « qui prétend atteindre par le parlementarisme le but du socialisme, ou ignore ce but ou veut tromper ». Et maintenant c'est le même Bebel qui dit avec tous les meneurs socialistes : « Il n'y a qu'un moyen de réaliser le socialisme, c'est le *pouvoir politique !* » comme dit la résolution du Congrès international de Londres en 1896, « la conquête du pouvoir politique est le moyen par excellence ».

Autrefois le parlementarisme n'était qu'un des moyens. Quelques-uns le considéraient seulement comme un moyen d'agitation. Maintenant tous sont d'accord qu'il est le seul moyen et, en conséquence, ils combattent les autres, les véritables moyens.

Eh bien, l'histoire du socialisme nous prouve que les anarchistes ont prévu que la lutte contre la bourgeoisie ne peut être que

« *la lutte* », la *véritable lutte* et ne peut se réaliser par l'*union avec la bourgeoisie*, le *parlementarisme* qui n'a pour but que la participation au gouvernement bourgeois que nous devons détruire.

* *
*

Laissons de côté l'abandon des principes de l'Internationale : « l'affranchissement des travailleurs doit être l'œuvre des travailleurs eux-mêmes » a dit l'Internationale — non pas des représentants du gouvernement. Je ne dirai rien contre cela si la chose était possible.

Mais quelle possibilité y a-t-il ? Est-ce que le parlementarisme a fait quelque chose jusqu'à présent ?

Au Congrès d'Amsterdam, Jaurès dit à Bebel. « Qu'est-ce que vous avez fait avec vos trois millions de votes ? Rien, absolument rien ».

Et Bebel répondait : « Mais que désirez-vous que nous eussions fait ? Et vous-même, qu'est-ce que vous avez fait avec votre tactique » ?

Vous voyez qu'aucun parti n'a rien fait jusqu'à l'heure présente.

Domela Nieuwenhuis a raison quand il dit dans sa *Débâcle du Marxisme* (1) : « On jette l'accusation d'utopie à la tête des anarchistes mais nous voudrions bien savoir quel autre nom qu'utopisme pourrait être donné aux efforts qui ont pour but d'augmenter l'influence du parlement bourgeois, et avec l'aide de la puissance de l'Etat conquise, instaurer une organisation communiste de la société.

---

(1) *L'Humanité nouvelle* xxxvi, Juin 1900.

Si le but doit être de conquérir le pouvoir politique, nous pensons que la direction marxiste de ce parti représente le plus pur utopisme socialiste ».

Oui, une utopie, et les gouvernements, comme la bourgeoisie le savent bien : ils ne s'inquiètent pas du pouvoir politique — l'arme qu'a donnée Bismarck lui-même — le suffrage universel.

La bourgeoisie sait bien que les socialistes ne pourront jamais devenir une majorité.

Car le pouvoir de l'argent domine la politique.

Comme on demandait au président du trust des sucres pendant une enquête, si son établissement dépensait de l'argent pour les élections, il répondit :

« Nous le faisons toujours. Dans l'Etat de New-York où les démocrates peuvent gagner avec une petite majorité, nous nous efforçons de les faire gagner. Dans l'Etat de Massachusets où les républicains peuvent juste arriver, nous appuyons ces derniers. Car là où il y a une majorité puissante et dominante nous l'appuyons de notre argent parce que cette majorité régit toutes les affaires locales (*) ».

On sait que les travailleurs des Etats-Unis du Nord votent suivant l'ordre de leurs patrons pour ne pas risquer de perdre leur place.

Eh bien ! il est impossible aux socialistes de se faire une majorité à la Chambre et au Sénat où n'entrent que les rois de l'argent.

______

(*) Même source.

Mais supposons que cela soit possible et que la majorité soit là. Et puis après ? Ecoutons plutôt Liebknecht (1) :

« Supposons une majorité social-démocratique, que ferait-elle?... Oh ! rien du tout. Une compagnie de soldats chassera la majorité social-démocratique et si ces messieurs ne se laissent pas faire facilement, quelques agents de police les conduiront au poste où ils auront le temps de réfléchir sur leur conduite donquichottesque. »

Enfin supposons que la majorité socialiste puisse s'abstenir et même puisse par proclamation à la masse, décréter la révolution sociale. Mais qui peut avoir confiance en eux, les meneurs socialistes ? Pouvons-nous croire que ces bourgeois qui tant qu'ils n'ont de puissance qu'un simple mandat électoral agissent tous les jours contre le peuple, lorsqu'ils auront la toute-puissance s'en feront les émancipateurs

O naïfs, vous prenez vos députés pour des anges ! Ou vous croyez qu'ils peuvent se régénérer.

Vous qui ne croyez plus à Dieu, croyez-vous au diable ?

Ou bien, électeurs, êtes-vous aveugles et sourds ?

Oh ! je ne crois pas que vous sachiez l'œuvre de vos députés.

Non, je ne peux pas croire que connaissant les votes de vos députés, vous continuiez à voter pour eux.

Vos députés socialistes votent le budget de l'armée. En 1903 le député Muller, en Suisse, dans une commission, adoptait le projet d'achat de canons pour 21.800.000 francs. Enfin êtes-vous d'accord avec eux dans tous les documents que je cite plus loin. Sinon,

____

(1) Sur l'attitude politique de la social-démocratie, 1869.

pourquoi votez-vous ? Pourquoi élire des hommes qui ne sont pas d'accord avec vous ? Pourquoi ne vous rappelez-vous pas qu'ils avaient dit avant les élections « Nous devons combattre l'armée et la bourgeoisie ».

Ne voyez-vous pas qu'ils parlent toujours et n'agissent jamais ? Eh bien il n'y a aucune raison qu'ils puissent et qu'ils fassent quelque chose.

* *
*

Que les socialistes soient devenus bourgeois par la vertu du Parlement, rien d'étonnant. Bien au contraire, il serait étonnant qu'ils ne fussent pas devenus bourgeois, car le Parlement est la machinerie légale de la société bourgeoise, reposant sur la propriété privée et ne peut être employé que dans cette société et pour la classe bourgeoise qui y gouverne. Pourquoi ont-ils eu recours au Parlement, les véritables vieux socialistes. Pourquoi ont-ils calomnié les plus grands, les plus dévoués révolutionnaires parce qu'ils étaient anti-étatistes. Pourquoi ont-ils expulsé de l'Internationale Bakounine ? Pourquoi l'ont-ils appelé mouchard, lui le plus grand lutteur pour la liberté (1).

La réponse sera simple : Ils avaient toujours été étatistes. Leur idéal était d'abolir le paupérisme mais non pas l'autorité. Promptement ils ont reconnu leur inimitié avec les ennemis de l'autorité. Ils ont accepté la tactique du Parlement, car ils n'ont été jamais contre son principe : mais *autrefois les socialistes ont employé la politique pour le socialisme*, à présent, *ils ont abandonné le socialisme pour la politique.*

---

(1) Voir Mémoires sur la fédération Jurissienne et V. Dave, « M. Bacounine et K. Marx. »

Ils ont raison, car ils ont le pouvoir, ils ne peuvent pas être si bêtes d'ignorer son utilisation. Chacun cherche son avantage; les intérêts des hommes sont différents, mais les intérêts des souverains sont toujours dans la domination où est la perte des gouvernés.

Encore quelques mots. De quels socialistes ai-je voulu parler ? Des revisionnistes, Jaurès et Bernstein, ou des orthodoxes, Guesde, Lafargue, Bebel, etc.

Je parle des deux. Car la différence *en pratique* n'est pas grande. Vous la trouvez dans le reproche de Auer à Bernstein : « On fait simplement ces choses-là, mais on ne les dit pas. »

Cette brochure montrera qu'Auer a tout à fait raison : Les Guesdistes agissent en toutes choses comme les Jaurès sistes.

Liebknecht à son propre avis était membre du Parti ouvrier. Voilà ses paroles au Congrès de Stuttgard, 1899:

« Si les théories de Bernstein étaient exactes nous pourrions procéder à l'enterrement de tout notre passé, de la Social-Démocratie tout entière, car nous devrions cesser d'être un parti prolétarien. »

Oui, il était membre du Parti ouvrier, car il différait de Bernstein par ses théories (1). Et en pratique, me demanderez-vous?

C'est peu de chose, chers lecteurs, et puis il différait dans la pratique aussi. Liebknecht et son école sont de bons socialistes parce qu'ils ne disent pas ce qu'ils font et ils se proclament révolutionnaires.

Un bon socialiste n'est qu'un bon menteur.

---

(1) D'après les orthodoxes ce n'est que la dictature du prolétariat qui minera au socialisme (voir die soziale révolution par Kautski) tandis que pour les revisionnistes un État démocratique peut aboutir *directement* au socialisme.

Le Socialisme tel qu'il doit-être

Qu'est-ce en effet que le socialisme, quel est son principe fondamental essentiel ? Le socialisme préconise comme remède au mal économique dont souffre la société, l'expropriation de la classe capitaliste et la restitution à l'humanité des moyens de production et de consommation. Le mot socialisme signifie la socialisation de ce qui est nécessaire à la vie.

Le but du socialisme est la dépossession de la classe bourgeoise; les moyens sont la lutte contre la bourgeoisie. Conséquemment les socialistes doivent forcément être des révolutionnaires.

« Prolétaires de tous les pays, unissez-vous » — est-il écrit sur chaque brochure socialiste. — « La patrie c'est l'intérêt de la bourgeoisie » dit encore le socialisme.

D'après ce qui vient d'être dit nous voyons que: « pour être socialiste il faut être: 1° pour les prolétaires et contre la bourgeoisie; 2° révolutionnaire; 3° internationaliste. »

Je vais essayer d'analyser la pratique de nos socialistes.

Les tendances petit-bourgeoises dans le socialisme

Le socialisme scientifique dit qu'il faut être contre la petite bourgeoisie vu que la situation économique actuelle mènera au socialisme grâce à l'augmentation des prolétaires. « Notre œuvre est d'empêcher l'existence des petits propriétaires », répètent Marx et Engels.

Pour ma part je doute fort de leur théorie de concentration du capital (voir les *Statistiques* de Kropotkine: *Champs, usines, ateliers* et *Les Petits bourgeois en Angleterre;* Tcherkesoff; *Pages d'histoire socialiste,* de Greef, Vandervelde et de Bernstein). Je ne veux ici que prouver leur abandon complet de la théorie fondamentale.

Vandervelde dans le *collectivisme* : « Le collectivisme n'attaque pas les petits bourgeois. Dans la société collectiviste, il y aura aussi la propriété privée pour tous les petits moyens de la production. »

Kautsky dans le programme d'Erfurt, p. 73: « C'est la grande production qui nécessite la société socialiste. La production collective nécessite également la propriété collective des moyens de produire... Le passage à la société socialiste n'a donc nullement comme condition l'expropriation des petits paysans. »

Kautsky, *Neue Zeit,* XIII, tome II : « Nous n'avons plus un programme agraire démocratique mais un simple programme agraire; non pas un programme qui transporte la lutte des classes parmi les possédants et les non possédants de la terre. »

Au Congrès de Breslau Kautsky dit encore : « Nous sommes les défenseurs du paysan comme propriétaire. »

Au Congrès agraire des socialistes allemands, Max Schippel a dit: « Il est difficile de distinguer votre intention à propos de la question agraire de celle des antisémistes et des propriétaires. » A cela Kautsky a répondu: « Nous ne pouvons pas faire autrement, nous devons être pour la propriété des paysans. »

Au même Congrès, Liebknecht a dit: « Je n'agis pas suivant nos principes, mais suivant notre tactique. »

De la résolution du Congrès de Marseille : Si la possession de la terre par une personne privée doit disparaître, les socialistes n'ont pas besoin de précipiter cette disparition.

Congrès d'Erfurt Protocoll, p. 204, Liebknecht : »

« Le fait que jusqu'ici nous n'avons rien réalisé par le parlement n'est pas imputable au parlementarisme, mais à ce que nous ne possédons pas encore la force nécessaire parmi le peuple, à la campagne. »

Loin de moi l'idée de m'occuper des théories mais ici, je suis forcé de parler de l'opinion anarchiste sur les petits propriétaires. Nous croyons qu'ils souffrent assez du capitalisme et de l'État, Voici le conseil facile à donner : « Abolissez tout ce dont vous souffrez. » Les socialistes prétendent que les petits propriétaires ne peuvent pas comprendre le socialisme et que ce n'est pas la peine d'en parler parce que cela pourrait empêcher les élections.

Leurs relations avec les ouvriers

On répliquera que tout cela n'empêche pas d'être pour les prolétaires. Considérons alors leurs relations avec les prolétaires en dehors de l'action politique.

D'abord, voyons leur attitude dans la lutte économique. Je cite les paroles de Jaurès *(La Petite République*, n° 9013, 18 avril 1901).

« Il y a des syndicats ouvriers qui disent: « Nous sommes trop « révolutionnaires pour adhérer au Parti socialiste. » Ces syndicats où dominent les influences libertaires et semi-libertaires et qui sont puissants surtout à Paris, professent le mépris des politiciens... Leur idéal n'est pas par l'action politique (quel malheur !), ce n'est pas par la conquête des pouvoirs publics telle que l'entendent Guesde, Vaillant et Millerand. C'est uniquement par des moyens révolutionnaires ouvriers : c'est par l'emploi exclusif de la grève générale. »

Jaurès explique bien les relations des syndicats ouvriers avec les socialistes; mais les documents suivants vont nous démontrer la conduite des socialistes envers lesdits ouvriers. — Pendant la grève d'Armentières (1903) Guesde y était allé donner une conférence. Un maire socialiste de par là, voulant lui aussi faire parade d'énergie avait déclaré qu'il ne fallait pas céder devant les patrons et que **s'il le** fallait, on se révolterait. Au lendemain des troubles, la P. *République* dit que les troubles d'Armentières ne pouvaient être que l'œuvre d'agents provocateurs. Alors le maire socialiste d'Armentières lance une proclamation pour flétrir les excès des émeutiers ! (Source : *Les Temps nouveaux*, du 24 au 30 octobre, n° 26, 9° année.)

Au Congrès des mineurs à Lens, août 1898, c'est le député socialiste Basly qui parle : « Fixer un minimum de salaire de 4 fr. 80 pour les ouvriers et de 4 fr. 25 pour les vieux ouvriers; c'est livrer notre pays à la concurrence étrangère; c'est livrer nos marchés à nos voisins les Anglais, les Belges, les Allemands. Sachez donc limiter vos revendications (combien gagnez-vous par jour, Monsieur le député socialiste ?) et ne demandez que ce qu'on peut vous accorder. »

Au Congrès de Dresde, Legien, le secrétaire général des syndicats allemands, a dit: « Pour les ouvriers allemands la question de grève générale n'existe pas, parce qu'ils ont le suffrage universel. »

Les Temps nouveaux, n° 4, 9ᵉ année. — Italie :

Les députés social-démocrates imposèrent la fin de la grève et s'en vantent; ils disaient que les ouvriers devaient rentrer au travail coûte que coûte... Puis l'*Avanti* (organe socialiste) calomnie les fauteurs de la grève générale et spécialement les anarchistes... Ce journal fut sifflé dans les dernières assemblées des grévistes.

En 1895, les conseillers municipaux socialistes de Marseille, refusèrent la salle à S. Faure pour une conférence au profit des grévistes de Carmaux.

La Petite République, mars 1903.

Extrait d'une séance du Comité Portefoin. Le citoyen Maurice demande à ce qu'au Congrès de Bordeaux, une déclaration soit rédigée qui mette en garde les organisations ouvrières contre toutes tendances à faire dévier l'action syndicale et à présenter la grève générale comme une formule de révolution à l'exclusion de tout autre moyen d' « action ».

Au Congrès de Dresde, Hilferding a parlé le premier de la grève générale (la majorité a décidé de ne pas en parler au Congrès suivant) mais, a-t-il dit, un des problèmes de la Social-Démocratie au Congrès d'Amsterdam doit être une attaque contre l'illusion anarchiste pseudo-révolutionnaire, qui tend à détruire la société capitaliste par la grève générale et mettre à sa place la société socialiste.

En 1903, la grève générale d'Ekaterinoslaw (1) était menée par

---

(1) Russie.

le Comité social-démocratique. Dans le compte rendu de *l'Iskra* (*) à propos de cette grève on parle du *mécontentement* des ouvriers *contre le Comité*, mais, ajoute *Iskra*, les habitants étaient pour ce Comité et même les marchands des quatre saisons.

Au Congrès du Parti socialiste de France à Lille (1904).

Guesde: « Le mot grève générale a déjà causé un grand tort. Grève générale ! Et on ne veut plus savoir d'autre organisation. Grève générale! Et on ne va plus à l'urne. Grève générale! Et on hait les politiciens qui vivent aux dépens des travailleurs......

Entre la grève générale et le socialisme il y a antagonisme indiscutable. »

Lafargue: « La grève générale fut inventée par quelques démagogues qui ont voulu fonder un parti spécial. »

Un délégué de Lille: « Il nous faut éclairer et organiser les ouvriers contre les grèves qui sont souvent désastreuses... Il nous faut organiser des syndicats non pour faire des grèves, mais pour exercer une influence sur les facteurs politiques. »

Le 14 septembre 1904 le citoyen Ch. Rappoport dans une conférence « Le Congrès d'Amsterdam » donnée pour la colonie russe, a dit: « Nous *tous*, socialistes, nous sommes contre la grève générale dont l'idée est un obstacle pour l'action politique, mais nous ne pouvons pas le dire ouvertement car les ouvriers se sépareraient de nous. »

Bulgarie (Kleb i vola n° 8).

« Il y a eu une grève dans une raffinerie. Tout dans cette grève montrait que les ouvriers avaient au cœur un très grand mécon-

---

(*) Organe officiel des soc.-dém.

tentement des choses existantes et que si l'on savait mettre à profit ce mécontentement il pouvait aboutir à une véritable révolte, à une lutte vraiment révolutionnaire, mais cela n'a pas eu lieu.

Les meneurs de ce mouvement étaient les social-démocrates de cette ville; pendant la grève ils organisaient des conférences, des réunions, nourrissaient les ouvriers de discours sur « sagesse, légalisme et manifestations paisibles ». Ils endormaient chaque élan de la part des ouvriers; chaque pas décisif était ajourné comme quelque chose pouvant causer du tort. Quand lassée par la faim, une partie des grévistes voulut céder, les meneurs social-démocrates essayèrent comme dernier moyen une manifestation politique. Mais hélas! *la police* n'a pas permis cette manifestation et ici pour les social-démocrates la décision de la police est une loi.

Pendant les élections, les social-démocrates conseillaient aux ouvriers de voter pour qui que ce soit, même pour les réactionnaires, mais pas pour les *obsche-deltzi* (1). Ceci ne suffit pas encore: ils méprisent les ouvriers qui ne prennent pas part au mouvement politique, c'est-à-dire ceux qui ne concentrent pas toute leur force pour soutenir les quelques ambitieux députés socialistes. »

A Zurich, en 1902 la dépense pour conférences et le secours aux sans travail était de 15 fr. 60, tandis que pour l'agitation électorale cette dépense montait à 10.737 fr. 20. La souscription de Zurich pour les condamnés qui avaient refusé de tirer sur les grévistes pendant la grève générale de Genève a donné :

En dehors des groupes politiques .... Fr. 437 60 c.

---

(1) Organe des Bernsteniens.

3 groupes politiques .... rien

1 groupe politique .... Fr. 5

1 groupe politique .... 44 60°c.

Dans l'exercice de ces derniers six mois, l'Union ouvrière lausannaise bouclait ses comptes de la manière suivante:

Dépenses : propagandes électorales (affiches bulletins de vote, etc.) .... Fr. 1.056

Secours aux ouvriers (grève) .... » 50 »

Lausanne, mai 1900.

Ces statistiques montrent clairement l'action socialiste : les ouvriers n'ont besoin que d'avoir des députés.

En 1899, le tribunal a condamné les ouvriers de Lobtaou qui voulaient supprimer le travail supplémentaire et qui avaient fait des désordres. Ils ont eu 5, 3 ans de travaux forcés et 8 ans de prison. A ce propos, le parti a dit dans la presse que ce n'est pas commode de diminuer les faits qui ont provoqué cette condamnation et d'engager dans cette affaire tout le Parti.

Le plus radical des social-démocrates Ledebur a dit au Parteitag de Hanovre : « Certainement que les social-démocrates devaient blâmer la conduite des ouvriers parce que dans ce cas il est certain que de la part des ouvriers, *il y avait violation de la loi.* ».

Le délégué Knapp défendant son parti a déclaré dans le même Parteitag l'importance de cette punition, car elle apprendra aux ouvriers quelle doit être leur conduite dans des cas analogues.

En 1901 à Bant (Allemagne) les ouvriers en bâtiment se mirent en grève. Il y avait des social-démocrates non seulement parmi les ouvriers mais aussi parmi les patrons.

Les patrons social-démocrates luttaient contre les ouvriers absolument comme luttent ordinairement les capitalistes. Les grévistes furent remplacés par des ouvriers italiens très peu exigeants qui acceptèrent de travailler 14 heures par jour. Les ouvriers décidèrent alors l'exclusion des patrons de leur parti. Mais le Congrés décida en faveur des patrons. Les défenseurs des entrepreneurs social-democratiques s'appuyaient sur le principe que dans une grève économique les patrons social-démocrates ont les mêmes droits que les ouvriers. Certains orateurs défendaient tellement les entrepreneurs que le délégué Guemol qui défendait les ouvriers exprimait son étonnement que les entrepreneurs n'aient pas eu l'idée d'exiger l'exclusion du parti des grévistes.

Le même congrès ne voulait pas exclure du parti quelques ouvriers à Hambourg qui soutenaient les patrons dans leur lutte contre « l'Union ouvrière » qui voulait obtenir la suppression du travail aux pièces.

Le meneur social-démocrate espagnol Iglesias a employé toutes ses forces pour que les grévistes de Barcelone reprennent le travail et c'est à propos de cela qu'il se **défend** dans *Justice*, 29 mars 1902 (Londres) :

« Comme socialiste, j'ai des droits contre les exploiteurs. Mais tous les moyens ne sont pas bons. J'ai toujours été ennemi de la réaction voilà pourquoi j'ai lutté contre les anarchistes et j'ai empêché leur grève : le peuple n'est pas encore prêt à la liberté. »

Pour l'affaire de la Bourse du Travail, 29 octobre 1903. Malgré que les travailleurs aient été brutalisés par la police plus encore que ne le sont les ouvriers dans la despotique Russie, malgré cela quinze socialistes ont voté pour Combes, défenseur de Lépine, quatre socialistes se sont abstenus.

Ce qui vient d'être dit montre un peu la conduite des socialistes envers les ouvriers — conduite bien mauvaise de la part des hommes qui se proclament les amis des travailleurs. Pour ces soi-disant socialistes les ouvriers sont des nullités et des sots qu'ils mènent là où ils trouvent leurs intérêts. Les exemples ne man-quent pas.

Allemagne 1899. Correspondance. (*Les Temps Nouveaux*, 4 mars 1899.)

« Les socialistes ont élu des chefs de section qui ne laissent faire de conférences qu'à ceux qui sont patentés par le Wahlverein, machine à voter et à payer les parlementaires dans les assemblées parlantes. Ceux qui n'appartiennent pas à cette machine à élec-tions sont considérés comme de faux frères inconscients et soup-çonnés d'être des mouchards. Outre cela, celui qui critiquerait un député serait un criminel de lèse-majesté. Puis les séances du Wahlverein ne sont pas publiques, et il faut en devenir membre pour pouvoir « assister à ses travaux ».

Martoff social-démocrate russe dit dans *Zaria* n° 3.

« La société reconnaît au prolétariat le droit de marcher dans la queue du mouvement politique; mais elle repousse catégorique-ment — à cause de la divergence des intérêts — les prétentions du prolétariat à une hégémonie politique. »

Mais les ouvriers commencent à comprendre que les socialistes sont contre eux et pour les adversaires des travailleurs.

Ainsi nous voyons qu'au Congrès du Comité national des syndi-cats de Hollande (1903), certains délégués ont proposé de protester contre *Het Volk*, journal social-démocrate.

Le président a répondu que ce n'est pas la peine de rappeler le nom de ce journal qui n'est pas meilleur que les autres journaux bourgeois.

Au Congrès de Munich (1902), le délégué Fogt s'écria : « Le délégué ouvrier n'a plus la possibilité de dire un mot dans le Congrès » et quelqu'un a répondu : « C'est parfaitement vrai ».

Leur haine contre la bourgeoisie

Nous avons vu leur tactique envers les ouvriers ; non seulement ils ne prennent pas part au mouvement populaire, mais ils le méprisent.

Font-ils de même avec la bourgeoisie ?

Nous allons examiner quelques documents.

Voici ce dont se lamentait au *Die Neue Zeit*, n° 31, Mme Holst.

« Notre parti se trouve actuellement dans une situation très désagréable. Pour la première fois depuis qu'il existe souffle fortement le vent de la réaction. On se moque de nos chefs dans la rue, dans la presse bourgeoise, on les attaque et on les dénigre. L'estime que nous accordait une partie de la bourgeoisie s'est transformée en hostilité. La petite bourgeoisie s'éloigne de nous. »

Viviani au Congrès de Paris (1900) dit : « Allez donc dire ce que vous dites ici aux électeurs, au mois de mai prochain ! » Députés, nous sommes liés à la bourgeoisie. « Il faut que nous soyons logiques : ou pas d'action politique, ou la participation ministérielle. »

De nouveau Viviani au Congrès de Paris, août 1900 :

« Toutes les fractions socialistes font des concessions. Qui de nous n'a pas fait d'alliance avec les partis bourgeois en période électorale ? » Et les documents suivants montreront qu'il a raison.

Dans la proclamation des socialistes avant les dernières élecons (en juin 1903), dans le *Reichstag*, il était dit que tout libéral

ouvait voter pour les social-démocrates.

Liebknecht lui-même écrit dans *The forum Library*, n° 3,

vril 1895. Le programme de la social-démocratie allemande s'ex-

rime de la manière suivante :

« Que demandons-nous ?

« La liberté absolue de la presse, la liberté absolue de réunion,

a liberté absolue de religion, le suffrage universel pour tous les

orps représentatifs et pour tous les pouvoirs publics; soit dans

'Etat, soit dans la commune; une éducation nationale, toutes les

coles ouvertes à tous, les mêmes facilités à tous pour s'instruire et

'abolition des armées permanentes; la création d'une milice natio-

ale, de sorte que chaque citoyen soit soldat et chaque soldat

itoyen.

Est-ce que tout démocrate honnête trouve quelque chose à redire

ans ce programme

« Nous avons le droit de dire que *nous sommes le seul parti en

Allemagne qui lutte pour les principes de la démocratie.* »

En période électorale à Genève sur les affiches du candidat Sigg,

l est dit : « Soutenez l'homme qui est dévoué à la cause ouvrière.

Avec son intelligence et ses capacités, il défendra les intérêts non

eulement de son parti mais les intérêts de tout le peuple de Ge-

ève. »

Dans *Le Peuple* (1), Vandervelde, après le 20° Congrès s'exprime

insi :

« On ne peut considérer en effet comme une alliance la formation

____

(1) Organe officiel des socialistes belges.

do listes communes dans les petits arrondissements : chacun des partis juxtaposés lutterait pour son programme et pour ses propres candidats. »

En 1896, au Congrès des Guesdistes, à St-Hippolyte-du-Fort, Guesde et Chauvin décident d'exclure du parti ceux qui n'acceptent pas le programme de lutte. La même semaine les Guesdistes de Toulouse décident dans leur Congrès de s'unir pendant les élections avec les radicaux.

Roumanie, juillet 1899 .

Les socialistes passent dans les rangs du parti national libéral pendant les massacres des paysans du Olt et d'autres districts qui s'étaient révoltés.

Mais les hommes scientifiques sont heureux : ils trouvent toujours des théories comme raisons de leur union avec la bourgeoisie.

Sur les affiches pendant la période électorale (1897) en Hollande nous lisons: « Nous voulons abolir la propriété privée? »

Mais non, la propriété privée est abolie par la classe à laquelle appartient M. Bas (candidat libéral) par les capitalistes. Nous ne faisons autre chose que de constater le fait de l'abolition et il est malhonnête de nous attribuer un dessein que nous n'avons pas.»

Turati.

La Critica Sociale, juillet 1901 :

« On ne doit pas à l'heure actuelle parler de propriété collective, de dictature du prolétariat, de lutte populaire, de grève générale, etc. »

« Nous ne voulons pas la suppression de la propriété privée, » a dit le député socialiste, l'avocat Rapin, de Zurich, au grand Conseil Vaudois (1902).

Voilà leur socialisme. Parfois ils disent bien que ce n'est qu'à l'heure actuelle qu'ils sont contre la socialisation des moyens de production; mais d'autrefois ils proclament simplement: « Ce n'est pas notre principe ». Et les travailleurs naïfs et confiants les considèrent comme des socialistes ! !

Jusqu'ici nous n'avons vu que l'union avec la démocratie bourgeoise — union qu'un véritable socialiste ne peut pas contracter sans défendre les intérêts de la bourgeoisie en général.

Dans la résolution du second Congrès social-démocratique russe proposée par Plekhanof, il est dit :

« La social-démocratie doit soutenir la bourgeoisie. »

Rouanet, au Congrès (1) P. S. F. a déclaré qu'il ne fallait pas parler de lutte de classe pour ne pas effrayer les lecteurs bourgeois.

De la proclamation du parti social-démocratique aux grévistes de Krimitchaou :

« Si la grève continue encore 6 mois, elle détruira toute l'industrie de Krimitchaou. Cette destruction vous atteindra aussi, ouvriers... L'ouvrier sait que les intérêts de la ville le touchent, 80.000 prolétaires grévistes peuvent-ils détruire la ville ? Non. Les fabricants ont montré qu'ils ne s'intéressaient pas aux intérêts de la société mais les ouvriers ne veulent pas que la ville où ils habitent et agissent soit détruite. »

Dans un article du *Peuple* de Genève, en polémique avec l'organe anarchiste *Le Réveil*, le rédacteur du *Peuple* dit : « Pour nous est toute la bourgeoisie de Genève. »

Rouanet, au Congrès de Londres : « L'union avec les anarchistes,

______

(1) Saint-Etienne.

s'ils restent au Congrès, donnerait à la bourgeoisie l'occasion de nous attaquer. »

Gérault-Richard (*La Petite République* du 10 juillet 1904) jette l'anathème sur le meurtre, il énumère les qualités de l'excellent socialiste qu'était le contremaître Pellissier, tué par un ouvrier, Victor Pivoteau, contremaître « qui avait un souci égal du bien-être de ses camarades et des intérêts patronaux qui lui étaient confiés ».

Au mois d'août 1903 dans *L'Action* était posée à Gérault-Richard, directeur de *La Petite République*, la question suivante : « Est-il vrai que Gérault-Richard soit le propriétaire ou tout au moins le principal actionnaire d'une usine en Seine-et-Marne que les gens de l'endroit appellent la *mort aux gens ?* »

Gérault-Richard n'a pas répondu.

La bourgeoisie sait bien toutes ces choses, voilà pourquoi elle fraternise avec les pseudo-socialistes. Quel ombrage peut-elle éprouver de ce parti ?

Leur haine contre le gouvernement et la police

Quelques-uns d'entre eux prétendent en principe qu'ils sont contre l'État et tous les socialistes acceptent que le gouvernement contemporain est le représentant de la bourgeoisie. Examinons les faits.

Troelstra dans la Chambre Hollandaise en mai 1903 :

« Les social-démocrates sont aussi à gauche, mais ils veulent, aussi
« bien que les libéraux: *l'autorité*. Déjà le mot même veut dire:
« gouverner. Il n'y a donc pas question de ce qu'il y aura de l'au-
« torité oui ou non ,mais de ceci: qui, à l'aide de cette autorité,
« formera le gouvernement. »

Parmi les 27 députés socialistes à Zurich se trouvent : 1 avocat, 1 substitut, 3 cafetiers, 2 pasteurs, 3 patrons, 1 spéculateur, des professeurs, médecins, commerçants, 5 ouvriers, Ficher, le Chef de Police.

Du journal *Klieb i Wolia*, nᵒ 8 :

Dans le parti socialiste-démocrate de la Bulgarie, les travailleurs sont en plus petit nombre que les autres. Parmi les meneurs du parti social-démocrate de Varna il y a un juré, l'autre libraire, le troisième, pristav (commissaire de police). A Ruchyk (ville de la Bulgarie), un ouvrier menuisier, un avocat et un sous-préfet. A St-Zagora, un fonctionnaire et un commissaire de police.

En outre parmi les membres du parti nous trouvons : des gendarmes, des geôliers, un brigadier et un huissier.

Parmi les députés socialistes de Genève il y a des conseillers d'Etat, des administrateurs, des juges, des agents de police.

Parmi les 17 députés en 1898 il y avait 12 fonctionnaires.

Le Peuple (Bruxelles), du 24 mai 1901, compte rendu de la séance du 23 mai. Budget de la gendarmerie.

Trochet, député socialiste de Liège, condamne l'emploi que l'on fait des gendarmes pour suivre les meetings socialistes et rapporter tant bien que mal les paroles des orateurs. Il plaide ensuite la cause des gendarmes dont il trouve la solde insuffisante, en critiquant les retenues faites pour la pension des veuves, pour l'habillement et les médicaments. Les logements devraient être améliorés...

Quand les socialistes auront la majorité ils sauront payer convenablement les gendarmes qui ne seront plus détournés de la besogne, pour laquelle ils sont créés. Ils auront aussi le temps de dresser des procès-verbaux contre les patrons qui violent les lois de protection ouvrière. » *(Très bien, sur les bancs socialistes.)*

Destrée insiste pour qu'on accorde les droits électoraux aux gendarmes. Delporte dit : « N'en faites pas des mouchards et nous serons satisfaits. »

Au mois de janvier 1902, le député socialiste Van der Aa a proposé d'élever de 20.000 francs le budget de la gendarmerie.

L'Echo du peuple de Bruxelles, du 9 mai 1904 :

« Trasenster Neryean, et les citoyens Hector Denis et Dounay viennent de déposer un projet de loi tendant à accorder à la veuve du commandant Papyn une pension annuelle et spéciale de 2.000 francs, en dehors de celle qui lui revient de la caisse des veuves d'officiers à laquelle elle était affiliée. »

Juillet 1899, Bruxelles (Belgique).

Le P. O. — Pour une manifestation *le P. O* a envoyé une commission conférer avec le bourgmestre Buls. Les socialistes s'engageraient à remettre dans les mains de la police tous ceux qui agiraient contrairement au règlement du service d'ordre *(Les Temps Nouveaux,* n° 14, 1899).

Vandervelde au Parlement belge, séance du 8 mars 1895.

« Etant donné qu'un gouvernement socialiste serait obligé de maintenir un corps de gendarmes pour arrêter les malfaiteurs de droit commun, nous ne voulons pas voter contre le budget et nous devons nous abstenir. »

En août 1903, le député de Stuttgard Krause a voté l'augmentation de paye de la police parce que pendant la grève elle a traraillé davantage : remarquons que c'était lui-même le représentant les grévistes.

Voici les noms des socialistes qui ont voté pour les fonds secrets en *France*, novembre 1903 :

Poulain, Lassalle, Breton, Bouhey-Allex, Camuzel, Devèze, Gérault-Richard, Briand, Charpentier, Colliard, Pressensé, Bagnol. Cardet, Deville, Rouanet, Jaurès, Labussière et l'ex-socialiste Millerand.

En 1901, Kloss a voté dans le Conseil municipal de Stuttgard pour une gratification aux agents de police qui maintenaient l'ordre pendant la grève des employés de tramways, en disant que tout travail doit être récompensé.

30 juin 1903 :

A la proposition de Delcassé de dépenser 300.000 francs pour le voyage de Loubet et la réception d'Emmanuel, le socialiste Pressensé a prononcé un joli discours appuyant cette proposition et tous les socialistes ont voté pour cette proposition.

Le *Vorwaerts* recommande aux ouvriers de signer sous l'ordre des patrons des adresses à l'empereur exprimant leurs sympathies et leurs regrets à cause des outrages portés par la S.-D. Bebel conseille de « tromper » ainsi les patrons. (Voir *Les grèves générales*, par Posse.)

En Suisse la propagande socialiste se fait par les fonctionnaires ou secrétaires recevant un traitement du gouvernement.

Oh ! les gouvernements comprennent bien, ils connaissent leurs amis. Mais les ouvriers par suite de leur ignorance ne comprennent malheureusement rien... ils donnent leurs sympathies à ces messieurs.

Leur révolutionnarisme

Peuvent-ils après tout cela être révolutionnaires ?

Evidemment non, car les souteneurs de l'ordre actuel ne peuvent travailler à le détruire. Donc, logiquement les socialistes de maintenant ne peuvent pas être révolutionnaires.

Liebknecht. — *The Program of German socialism*

« Par notre programme nous avons prouvé que nous aspirions à la transformation légale et constitutionnelle de la société. »

Vliegen au Congrès de Hollande, 1903 :

« Les social-démocrates ne doivent pas entreprendre de changer la société par la violence. Nous devons seulement améliorer le mécanisme social. » Tous les délégués social-démocratiques parlent contre la grève générale.

Le 25 juin 1896, Guesde à la Chambre : « Nous avons seulement une seule arme — le vote légal — seulement par le suffrage universel, nous sommes les maîtres futurs de la République. »

Voici les paroles de Millerand en mai 1896, au banquet des municipalités socialistes, approuvées et confirmées par les leaders des différentes écoles socialistes Jaurès, Guesde, Vaillant, etc.

« Tels sont les trois points essentiels et suffisants pour caractériser un programme socialiste.

Intervention de l'Etat pour faire passer du domaine capitaliste dans le domaine national les diverses catégories des moyens de production et d'échange au fur et à mesure qu'elles deviennent mûres pour l'appropriation sociale : conquête des pouvoirs publics,

---

(1) C'est le même Guesde de l'Egalité du 14 Juillet 1878 qui dit « Le sufrage universel est un *leurre*.... la tranquilité des bourgeois et l'amusement des travailleurs le sufrage universel est une *duperie*; toute intervention *électorale* de la classe laborieuse tourne fatalement au profit de la bourgeoisie ».

entente internationale des travailleurs. Qu'un tel programme, menace les intérêts des hauts barons de la spéculation, c'est son honneur et c'est sa force. »

Dans une réunion le candidat Deville disait : « Autrefois je croyais à la violence mais j'ai compris enfin que la délivrance du peuple est l'affaire de la majorité consciente. Je retire mes paroles révolutionnaires. » (*Temps Nouveaux*).

Liebknecht dans une conférence donnée à Berlin, en 1890, disait : « Quand les délégués des ouvriers au Parlement auront la majorité, le gouvernement sera obligé de consentir à leurs désirs. On dit que les conditions désirées par nous peuvent être réalisées seulement par les moyens révolutionnaires et sanglants. C'est une grande erreur... Nous voulons transformer les conditions sociales actuelles à l'aide de réformes sages; nous sommes le seul parti social réformateur. **Nous voulons éviter la *révolution violente*. »**

Jusqu'à présent nous n'avons vu que leur théorie sur la révolution.

Nous allons voir leur pratique. Je répète que sur le terrain révolutionnaire ils sont bien honnêtes; la pratique est la conséquence de leur théorie.

Au Congrès de Londres :

Pendant le déjeuner à l' « *Hôtel des vrais amis* » Guesde a dit : « Les dernières élections ont donné de bons résultats. Nous ne devons plus employer le mot révolutionnarisme. Il ne nous servira plus. Nous n'avons plus besoin de lui parce que tout le monde sait que nous sommes révolutionnaires. (Source : Hamon, *Le Socialisme et le Congrès de Londres.)*

Dans sa brochure : *Les élections du 25 mai et la tactique du Parti ouvrier*, le chef social-démocrate belge Bertrand, dit : « Il faut renoncer à des moyens révolutionnaires et à la littérature révolu-

tionnaire. Il est temps de se délivrer du romantisme révolutionnaire. »

Les journaux *Vorwärts* et *Arbeiter Zeitung*, de mai 1896, atta-
quent les ouvriers qui ont provoqué des désordres à Vienne, le
1er mai.

Les Temps nouveaux, n° 52, 8e année, avril : Pendant les grèves
en Italie. « Après deux jours les socialistes de la Bourse du Travail qui avaient prêché le calme jusqu'ici conseillèrent aux travailleurs de reprendre le travail. »

En 1898, le député de Amicis dans sa lettre aux électeurs socialistes du Piémont, écrivait que « le parti socialiste abhorre la violence qui est folie et crime même employée pour la cause la plus
sainte » les quelques socialistes ignorants ou illusionnés ayant
pris part aux émeutes avaient trahi le programme du parti s'étant
révoltés contre leurs chefs. Walter Mocchi, un socialiste napoli-
tain écrivait dans l'*Avanti* du 14 août 1898 que « les socialistes sont
trop civilisés, trop humains et surtout trop conscients de ce qu'ils
veulent pour recourir aux insurrections inutiles même victo-
rieuses. »

Au 14e Congrès (1899) du parti ouvrier belge à Louvain, un délégué ayant proposé de féliciter les condamnés politiques, Vandervelde a déclaré qu'il ne pouvait s'associer à ce vœu concernant des
individus condamnés pour avoir brûlé le drapeau tricolore belge à
Charleroi.

Vyss dans l'article « du jour » dans *Le Peuple* de Genève, n° 47
de 1903 dit : « Beaucoup de socialistes et de bourgeois pensent que
la grève des maçons est l'œuvre des anarchistes. Je crois que cette
grève n'a rien de commun avec l'anarchisme. C'est vrai qu'un
élément anarchiste qui se trouve dans le syndicalisme voulait
rendre cette grève illégale, c'est-à-dire antisocialiste, mais il n'a pas

réussi parce que les ouvriers comprennent très bien qu'il faut respecter les lois. »

Deux mois après la résolution du Congrès de Zurich de chômer le 1er mai, les social-démocrates allemands demandaient de ne pas travailler seulement à ceux qui pourraient le faire sans désagrément avec leur patron.

Dans le *Vorwärts* pendant la grève de Krimitchaou on lit : « La lutte socialiste se fait par la législation; c'est le seul moyen pour les ouvriers et les pauvres. »

Der Grütlianer, organe officiel des socialistes suisses n° 99, août 1901. « Le camarade Wulschleger (socialiste du Conseil d'Etat du canton de Bâle) n'avait-il pas raison ? Une grande grève a éclaté à Bâle. La plupart des grévistes étaient des Italiens non organisés; ils n'étaient pas disciplinés et ils ont créé des émeutes que nous avons toujours combattues... C'est une absurdité que de penser que le gouvernement peut ne pas s'immiscer dans des affaires pareilles; le gouvernement avait parfaitement raison en envoyant des soldats.

Il est connu que pendant cette grève, il y avait des émeutes et le camarade Wulschleger avait parfaitement raison en agissant de la sorte... Là où la grève est pacifique, le gouvernement ne doit pas envoyer des soldats, mais quand on viole la propriété des citoyens et qu'on provoque des désordres, nous sommes d'accord qu'il faut envoyer des troupes.

Congrès socialiste de Suisse (1902). A propos de la manifestation de Berne, Wülschleger dit : « Les travailleurs ont leurs représentants au Parlement où les députés doivent protester; mais les manifestations n'ont aucun droit d'exister. »

A St-Gall, en 1897, on voyait dans toutes les rues des affiches :

« Les socialistes ont l'honneur de demander à messieurs les patrons qu'ils laissent sortir les ouvriers le 1er mai, après-midi ; nous les remercions d'avance. »

Conformément à la décision prise par le Congrès de Paris en 1889, le parti social-démocratique d'Allemagne se préparait à fêter le 1er mai. Il fit appel aux ouvriers en leur recommandant de continuer le travail car le contraire pouvait être nuisible pour le parti. Les ouvriers étaient autorisés à fêter le 1er mai seulement là où cela ne pourrait pas provoquer de conflits. Prudence, prudence! Nous avons remporté une si grande victoire et ce serait absurde de fêter le 1er mai et surtout sans autorisation de la bourgeoisie.

Ne provoquez pas de conflits, soyez légaux, tâchez que la bourgeoisie n'ait pas de raisons pour être mécontente de vous, tout le reste s'arrangera.

P.-S. — Sous le mot « victoire » l'appel entend le succès au Reichstag.

En 1891 Liebknecht au Congrès d'Erfurt a dit : « Indiquez-moi une autre voie que la législation qui puisse mener au but.

C'est vrai qu'il y a une autre voie, c'est la voie de la violence. Nous pouvons d'un seul coup changer les conditions actuelles. Mais alors nous arrivons à l'anarchie et nous nous mettons au point de vue de nos adversaires.

« Où sont les succès de la violence de Bismarck ? Nous ne pouvions lui opposer que notre bon caractère, notre conviction sincère et nous avions vaincu. Notre arme était meilleure. A la fin la force brutale doit céder à la force morale, à la logique des faits. Bismarck est écrasé et la Social-Démocratie est le parti le plus fort de l'Allemagne. »

Après il faisait encore cette remarque que les social-démocrates devaient prendre part à une guerre juste.

Le 9 juillet 1904, à Brest sur les affiches socialistes on pouvait lire, (source : *Temps nouveaux*, n° 23, juillet) : « Vous nous avez nommés pour faire des réformes; les troubles actuels suscités par des fauteurs de désordres nous arrêtent. Nous prions donc tous les honnêtes et conscients travailleurs de rester calmes et de répudier tous désordres. »

Remarque de Kautsky à l'article de Lusnia.

« La rédaction de *Neue Zeit* a mis un an pour imprimer cet article. « le temps des élections pour le Reichstag et le Langtag et aussi le temps des débats à propos du Vice-Président nous semblaient absolument mal choisis pour mettre à l'ordre du jour les discussions sur la question de la révolution. »

Leur antirévolutionnarisme montre bien qu'ils se rendent compte de ce qu'ils font.

Ils ne peuvent pas être révolutionnaires, ils ne peuvent admettre que l'ouvrier descende dans la rue.

Primo. — Ils savent bien que beaucoup ne sont socialistes que pour voter et que de ces socialistes il n'y en aurait pas beaucoup qui descendraient dans la rue et alors on verrait combien il y a peu de véritables socialistes.

Secondo. — Ils ne veulent pas montrer aux ouvriers la voie dans laquelle ceux-ci pourront faire par eux-mêmes quelque chose, alors la foi en eux social-démocrates diminuera.

Tout ce qui vient d'en bas ne plaît pas aux chefs social-démocratiques.

Leur Internationalisme

« Les prolétaires n'ont pas de patrie » dit bien le manifeste communiste. Est-ce que les intérêts de la patrie ne sont pas les intérêts des adversaires du prolétaire, de la bourgeoisie ?

— Ces messieurs sont aussi de bons patriotes, comme nous allons le voir.

Liebknecht au Congrès de Halle, 15 octobre 1890 :

« Personne, aussi enthousiaste qu'il soit pour des idées internationalistes ne dira que nous n'avons pas de devoirs nationaux... »

Auer. — Séance du 8 décembre 1890.

« Nous avons déclaré déjà bien souvent, et pour moi, je renouvelle cette déclaration que nous sommes prêts à remplir envers la patrie exactement les mêmes devoirs que tous les autres citoyens... je sais qu'il n'y a personne parmi nous qui pense différemment à ce sujet... »

Bebel. — Séance du 25 juin 1890.

« Je suis convaincu qu'aucun homme d'Etat, ni en Autriche ni en Italie, ni en Allemagne, ne voudra tant que cette situation durera, se détacher de cette alliance (Triple Alliance) car il exposerait par cela même, son pays à un grand danger dans le cas où les deux autres puissances alliées seraient vaincues dans une guerre.

Dans l'article « Socialisme et liberté » [Jaurès] (1).

Le socialisme tient à la patrie française par toutes ses racines. L'unité nationale est la condition même de l'unité de production et de propriété qui est l'essence du socialisme. Les nations sont nécessaires pour le socialisme. La patrie est également nécessaire

_____

(1) Revue de Paris 1ᵉʳ Décembre 1898.

u socialisme. Le socialisme est au centre même et au cœur de la
atrie. Même si un jour de passagères violences étaient exercées
ontre le socialisme; il attendrait l'inévitable retour de la France.

La patrie est au-dessus de toutes nos convenances particulières,
le toutes nos pensées, de tous nos égoïsmes. »

Liebknecht. Séance du 16 mai 1891 :

« Je déclare que lorsqu'il s'agit de la défense de la patrie, tous
es partis sont unis; que s'il s'agit de se défendre contre un ennemi
tranger aucun parti ne restera en arrière. »

En 1901, Fauquez, député socialiste de Suisse dit : « Nous sau-
ons par notre présence dans les conseils faire limiter dans les
hantiers de la commune, le nombre des ouvriers étrangers. »

Congrès d'Amsterdam 1904 :

Sur l'émigration et l'immigration M. Hil Quist propose un amen-
lement condamnant l'émigration en masse d'indigènes, comme
es Chinois, les nègres, etc..., qui constitue un régime d'esclavage,
t déclarent que puisque les indigènes menacent l'organisation
les ouvriers, il est du devoir des socialistes de combattre cette
imigration organisée par les capitalistes.

Mon camarade, un émigré anarchiste russe a été arrêté, à Galatz
Roumanie) par le préfet de police Atonacio. Comme Atonacio est
n même temps membre du parti social démocratique de Galatz
l a décidé de s'assurer tout d'abord si l'émigré est opportuniste
ou socialiste, avant de l'expulser.

On le tenait au bureau de police où on le questionnait, puis on
e força à écrire une composition sur le sujet : Le mouvement révolutionnaire en Russie. On reconnut qu'il n'était pas anarchiste,
mais on l'expulsa tout de même de la Roumanie. Quand mon

camarade voulut publier ce fait, les socialistes roumains étaient furieux contre lui et disaient qu'il voulait discréditer le gouvernement radical au nombre duquel se trouvait le socialiste préfet de police Atonacio devant les cléricaux.

Au Congrès antimilitariste de Allen :

La plupart des délégués ont été contre la propagande antimilitariste.

Source : *Le Socialiste*, 31 janvier 1904 :

C'est Jaurès qui parle. « Regardons l'armée comme l'instrument nécessaire de nos espérances et de notre force. Ne réduisons pas nos armements. C'est à tort qu'on prétend que l'Europe ne peut pas les supporter, elle les supportera encore longtemps. L'Europe ne plie pas sous le poids des armements; elle est riche, elle est puissante, elle peut continuer d'entretenir toutes ses armées.

Ce n'est pas des dépenses de la guerre, que souffrent les nations européennes, c'est d'une crise économique; et le jour où l'industrie et le commerce se ranimeront, toutes les nations porteront leurs armées comme le soldat gaillard et leste porte son sac au début d'une étape.

Le désarmement serait une chimère criminelle. » (A là Chambre le jour de la discussion sur l'expulsion de l'abbé Delsor).

Réunion social-démocratique à propos du militarisme à Olten Résolutions :

1° Pendant la paix on ne doit pas dépenser pour l'armée plus de 20.000.000 de francs;

2° En cas d'une plus grande nécessité à concurrence d'un million, il faut demander l'autorisation du peuple ouvrier.

Le *Volksrecht* organe socialiste dit : « Quoique ce soit difficile de réaliser cette résolution, cela est plus facile que l'abolition complète de l'armée. »

En 1893, au Congrès de Zurich, Domela Nieuwenhuis proposa la résolution suivante : là où les ouvriers peuvent avoir une influence sur la guerre ils doivent se refuser au service militaire pendant la guerre.

Plekhanoff combattit cette proposition : « Si l'armée allemande franchissait notre frontière elle reviendrait en libératrice. »

7 mars 1904. Bebel au Reichstag :

« Vous (le parti de la bourgeoisie), ne pourrez plus sortir victorieux d'une guerre, si nous ne vous y aidons pas. Vous serez vainqueurs avec nous. Si cela concerne la conservation de l'Allemagne, nous lutterons jusqu'au dernier effort pour sauver notre patrie et notre terre. Toujours et partout nous défendrons l'Allemagne contre la tentative de lui arracher même un petit morceau de territoire » (source : *Vorwœrts*).

En 1891, au Congrès socialiste international de Bruxelles, Domela Neuwenhuis proposa de voter la grève contre la guerre :

« Je préfère, dit-il, la guerre entre le prolétariat et la bourgeoisie à la guerre entre les patries. »

Les social-démocrates allemands répondirent à cela qu'ils iraient tous sur les champs de bataille pour défendre leur patrie si la guerre qu'elle fait est juste et si elle est défensive. La proposition de Domela fut rejetée par la commission et celle de Liebknecht disant que les guerres ne disparaîtront qu'avec le triomphe du socialisme fut admise.

Dans son discours Liebknecht critiqua d'une manière tranchante la grève générale des ouvriers et des soldats et ne s'astreignit même pas à respecter la personnalité de Domela .

Turot dans la *Petite République* du 20-21 juillet 1900 :

« La Chine ne peut être abandonnée à ses destinées; il me paraît intolérable que quatre cents millions d'hommes prétendent rester en dehors du mouvement moderne... Il faut donc aller en Chine pour y écraser les vieux partis — causes de tous les malheurs actuels — et y imposer les réformes nécessaires. Il faudra la diviser en vice-royautés confédérées »

Auer. Séance du 9 février 1891 :

« L'annexion de l'Alsace-Lorraine est un fait accompli, et ici, dans cette enceinte, nous avons de notre côté déclaré de la façon la plus catégorique que nous reconnaissons comme de droit l'état actuel des choses. »

En 1895, les socialistes italiens votent pour la résolution du marquis de Rudini, le budget de 140 millions pour la guerre.

Troelstra (2 juillet 1903) au parlement hollandais :

« Ce serait vraiment comique si nous désirions une armée populaire et nous ne voudrions pas donner notre voix pour voter pour le budget des canons et des armes, car une armée sans armes, c'est impossible. »

Der Grütlianer, organe officiel des syndicats de Grütli et des socialistes en Suisse), n°° 97-99, août 20-25 1904.

« C'est une fausse méthode des travailleurs que de refuser de s'enrôler dans la milice pendant la grève. Ce n'est pas un acte révolutionnaire ; c'est un acte contre l'Etat et le gouvernement sera forcé de se défendre par divers moyens.

Vollmar 24 septembre au Congrès de Brème 1904, Allemagne.

« Nous voulons que les soldats socialistes, accomplissent aussi bien leur devoir que les autres. »

À Brême un certain Dr Michels ne pouvait pas s'accorder avec ce que Bebel avait dit autrefois : « Que les socialistes ne pouvaient pas céder la moindre pièce de la terre allemande. » Ce docteur était d'avis que si les Polonais se révoltaient, les socialistes devraient leur venir en aide.

Mais Bebel était d'avis contraire, par conséquent il trouvait que les socialistes devraient aider à dompter cette révolution!!

Bebel (Brême 20 septembre) dit, qu'il y a vingt-quatre ans, il déclara déjà qu'au cas d'une guerre agressive, les socialistes voteraient tous les crédits pour la défense du pays.

En octobre 1897, au Congrès de Hambourg, Liebknecht a dit : « Nous devons tous lutter contre les ennemis de l'Allemagne : contre ceux de l'Est et de l'Ouest. »

Schippel dit : « Il faut que nous votions les nouveaux crédits pour l'artillerie moderne, il ne faut pas que les soldats allemands soient au-dessous de leurs ennemis. »

Auer dit : « Je ne veux pas que l'Allemagne soit soumise à l'Etranger. »

Bebel soutient qu'il faut voter seulement 40 millions pour l'artillerie moderne : les ouvriers allemands peuvent souffrir des étrangers.

Chauvin a dit au Parlement, le 20 février 1897 :

« Je suis patriote au même degré que tout autre. »

Voilà leur internationalisme. Je ne trouve pas d'autres raisons de les nommer internationalistes que leurs congrès internationaux.

P. S. — (On voit l'importance des congrès à la réclamation d'un président au Congrès d'Amsterdam : « Pourquoi discuter ? dit-il, nous ne sommes pas des enfants. Chacun de nous a sa conviction, donc il est tout à fait superflu de tenir de grandes discussions. On peut choisir directement. »)

Enfin jugez vous-mêmes, ne sont-ils pas de vrais chauvins ?

Leurs relations avec les anarchistes

Nous avons vu leur socialisme, leur révolutionnarisme et leur internationalisme. Or ce n'est pas encore suffisant pour caractériser les socialistes. Voyons leurs relations avec les hommes qui pratiquent plus ou moins les principes socialistes, révolutionnaires et internationaux, par conséquent les véritables socialistes ; considèrent-ils les anarchistes comme des camarades ?

D'après tous ces documents on voit clairement que les anarchistes sont leurs adversaires comme ils sont les adversaires de la bourgeoisie.

Les meneurs socialistes ne peuvent pas considérer comme camarades les anarchistes qui sont contre leurs tendances bourgeoises et qui considèrent l'autocratie des meneurs comme une réaction. Les hommes du parti (comme les brebis) suivent les bergers; ils méprisent aussi les anarchistes. Hélas ! ces mêmes ommes qui désirent l'égalité économique, s'éloignent des meilleurs enfants du peuple qui veulent cent fois donner leur vie pour l'harmonie universelle.

Oh! les Ravachol, les Henry, etc., crient comme les meneurs socialistes : « La société bourgeoise nous étouffe, nous devons lutter contre elle. » La faute des anarchistes est qu'ils sont conséquents. Ils mettent en pratique leur théorie chaque fois que cela leur est possible. — Les anarchistes sont des criminels. — Voilà pourquoi tous les députés socialistes se sont mis d'accord pour faire guillotiner Emile Henry. Donc, les socialistes considèrent les anarchistes comme des criminels... seulement parce qu'il répugne aux anarchistes de s'unir à la bourgeoisie comme le font les socialistes.

Au Congrès de Saint-Etienne, 1904. *Temps Nouveaux*, n° 27, février 1904.

A la veille du Congrès, une grande réunion publique a eu lieu. Nos camarades, ainsi que les révolutionnaires de Saint-Etienne s'y étaient rendus, d'où émoi de MM. les députés. Ce n'est que protégés par la police et la gendarmerie à laquelle la municipalité « socialiste » de Saint-Etienne avait fait appel, et après avoir fait expulser de la salle nos camarades, que ces messieurs ont pu parler, car la contradiction, bien entendu, n'était pas admise (comme toujours). Les socialistes sincères en sont encore écœurés.

Justice, 15-20 août 1896 :

Liebknecht. — « Les anarchistes ne peuvent plus participer à un Congrès socialiste. Nous devons les attaquer comme nos ennemis et ne pas les laisser entrer dans notre armée. »

Rouanet au Congrès de Londres :

« Tous doivent savoir par nos protestations contre les bombes et les voleurs que nous n'avons aucune relation avec les anarchistes... Néanmoins on en voit parmi nous... Nous pouvons bien souffrir de cette assimilation. »

Suisse : Deux anarchistes Samaja et Frigerio ont été arrêtés pour avoir rédigé l'Almanach socialiste anarchiste, pour un article contre la monarchie.

Le secrétaire ouvrier et député Sigg au dernier moment s'est refusé à prendre part à la protestation.

Plekhanof a donné une lettre de recommandation pour Wassilief où il dit :

« On fait trop de bruit pour peu de chose. » *Temps Nouveaux*, 17 février 1901.

Les socialistes ont raison, ils savent bien que les anarchistes peuvent avoir une influence capable de leur faire manquer le pouvoir.

Un socialiste hollandais a bien dit : « Nous ne pouvons pas lutter contre la bourgeoisie car nous devons lutter contre les anarchistes. » Et cette lutte ils la font toujours et nous allons voir comment.

Emilio, rédacteur au journal *Le Peuple*, 1904 :

« Savez-vous que Thonar est arrêté comme étant l'auteur supposé de l'attentat de Liège ?

C'est une bonne affaire pour le parti ouvrier, notamment à Liège. Voilà 7 à 8 ans que Thonar (rédacteur de *l'Insurgé*, journal anarchiste) mène une campagne infecte de dénigrement systématique contre le parti ouvrier, ses œuvres, son idéal. En tous cas s'il est dedans, qu'il y reste. C'est une épine hors de notre pied. » Au moment où des hommes de cœur ouvraient une souscription en faveur de Mme Thonar, Emilio, tenait un aussi odieux langage sur le compte d'un homme innocent.

(Voir *l'Insurgé*, n° 21, 2° année.)

Congrès de Gand.

Quand les délégués anarchistes ont dit à Liebknecht que ses camarades ont dénoncé un insoumis et que les déserteurs du service militaire risquent d'être dénoncés à la police par les socialistes Liebknecht a répondu : « Je ne m'arrêterai devant aucun moyen pour vous détruire. »

A la réunion des socialistes contre *Die Arbeiter Zeitung* pour l'article sur le Congrès de Gostsh, le député Mettuler dit : « Voilà là-bas (il indique avec le doigt) est assis un monsieur avec un crayon dans la main et qui écrit quelque chose. Il est évident que c'est la correspondance pour *Die Arbeiter Zeitung*. Devant nous, il propage ce journal qui nous est hostile. Il est évident qu'il est l'auteur de cet article. Mais qui est-il? Il se dit Bernstein. Peut-être même ne s'appelle-t-il pas Bernstein. (Il habitait sous un faux nom, autrement il devait faire six ans de prison.)

Puis se lève Ramm :

— Qu'il nous avoue qu'il est l'auteur de cet article.

L'autre se lève et veut dire ses opinions.

— Non, ne parlez pas. Répondez oui ou non.

— Donnez-moi la parole, et alors je parlerai, répond Bernstein.

— Non, il ne faut pas la donner.

L'un proteste :

— Comment ! vous donnez la parole aux libéraux, pourquoi alors ne la donnez-vous pas à un socialiste d'une autre tendance? Source: *Axselrod, Obchtchina.*

Voici les paroles de Chauvin :

« Quand les démocrates auront conquis le pouvoir, leur premier soin sera de fusiller les anarchistes. » (Pour une fois au moins ils sont révolutionnaires !) (Source. Le socialisme en danger).

Le Dr Lütgenon, député social-démocratique allemand a écrit :

« qu'il faut brutaliser les anarchistes dans les prisons. »

Liard-Courtois dans les *Souvenirs du bagne* raconte comment il s'est sauvé de Fourmies :

« Le soir même, je débarquais à Bruxelles.

J'y fus reçu par un avocat de mes amis qui, le lendemain, me présenta un député du nom de Wolders, déjà rencontré à Paris lors du Congrès international. Celui-ci m'annonça qu'un meeting devait avoir lieu le lendemain où les députés socialistes développeraient leur programme.

« J'aurai le plaisir, lui dis-je de vous faire la contradiction.

— Bah ! sourit le représentant, nous ne sommes pas ici en France, et la politique belge ne saurait vous intéresser.

— Pardon, m'écriai-je, il faut pousser le peuple où qu'on se trouve Je ferai ce que mon devoir me commande.

— Allons, allons, vous ne ferez pas cela ! dit-il sur un ton moitié miel, moitié vinaigre. »

Trois heures plus tard, deux hommes de police se présentaient chez mon ami et demandaient à parler à M. Courtois.

Or Wolders et l'ami de Liard-Courtois qui lui avait donné hospitalité étaient seuls à connaître et le nom de Liard-Courtois et sa présence à Bruxelles.

« Grâce à Guesde, dit Courtois à Delory on arrêtait Girier-Lorion, à Roubaix. Lavy me faisait assommer à Cholet, Wolders me faisait expulser du territoire belge. »

Des journaux *Klieb i Volia* n° 10, et *Libertaire*, n° 44, 1904.

« Mouvement anarchiste en Russie ». Entre autres choses on lit : « Ne voulant se pénétrer de l'idée anarchique dont ils n'avaient la moindre compréhension ils employaient leur méthode habituelle : défense absolue de lire notre littérature, conseillant de la déchirer ou de cracher dessus. Rien ne les arrêta, ni les infâmes médisances, ni les attaques contre des personnalités.

La théorie sur l'expropriation, comme triomphe final du socialisme, messieurs les social-démocrates tâchèrent d'en estropier la signification en disant que nous étions tout simplement des voleurs et des filous. Ils expulsèrent deux membres de la Croix-Rouge(*) pour avoir montré leur sympathie au mouvement anarchiste. Et à cause de cette expulsion, les anarchistes arrêtés furent privés de secours. »

Tous les moyens sont bons. Ils emploient tout pour les ennemis de l'autorité.

A cause de l'attentat de Guédel, il y avait un article dans le *Vorwaerts* intitulé « Le fou ». Liebknecht n'avait pas honte de donner aux employés impériaux beaucoup de renseignements qui pouvaient compromettre.Le « Berliner freie Presse » a commencé même par prouver aux libéraux que ce ne sont pas les socialistes, que ce sont eux qui ont glorifié « l'attentat scélérat » contre Trépoff. (Source *Obtchina* l'article d'Axelrod.)

Nous lisons dans l'*Histoire de l'Internationale* :

« Au Congrès de la Haye, en 1872, le conseil général exigea que l'on fît l'enquête sur la société secrète (Bakounistes). Dans ce but, on choisit une commission de cinq membres qui présenta le 7 septembre son compte rendu et le Congrès décida d'exclure de l'Internationale Bakounine et Guillaume et de publier les documents sur cette société secrète. Motif : La société secrète pour atteindre son but ne s'arrête devant aucun moyen (assassinat de Netchaïeff.) *Le motif de la dénonciation de ce secret est* : Comme même tout est

---

(*) Société d'assistance aux révolutionnaires emprisonnés.

connu par les brochures de Bakounine, il faut détruire cette société et la dénonciation en est *l'unique moyen.*

Ces choses ils les pratiquent souvent, mais ce n'est pas encore le vrai caractère de leur lutte : ce caractère est de calomnier les anarchistes en les faisant passer pour espions. Cette manière de calomnier est déjà connue dans la littérature, ainsi Przybyszewski dans son célèbre roman « *Homo sapiens* » exprime par la bouche de Falk dans la conversation avec Tscherski ceci: grâce à votre révolte vous n'êtes plus socialiste ; vous êtes plutôt anarchiste et vous savez que les socialistes considèrent tous les anarchistes comme des mouchards. » Les documents suivants montrent la connaissance des faits du grand écrivain polonais. Plekhanoff dit : Quand vous voyez un anarchiste, sachez que c'est un espion ou un imbécile. (Voir *Socialisme et Anarchisme.)*

Autriche. Du VI° arrondissement on fait paraître l'anathème que voici :

« Voilà déjà quelques semaines que certains individus rôdant dans différents endroits de nos arrondissements glorifient une feuille parue à Berlin sous le titre *Nouvelle Vie. — Neues Leben* (journal anarchiste) et qui à partir du 9 janvier 1904 doit porter le nom *L'Ouvrier libre. — Der freie Arbeiter.* Ces 2 susdits hommes avaient encore l'insolence d'afficher ces feuilles dans des hôtels pendant que leurs propriétaires en étaient absents et aux mêmes endroits était aussi affiché l'organe de notre arrondissement : *Volksrecht.*

Nous avons demandé aux camarades du parti de veiller d'une façon bien adroite que ces éditions anarchistes ne paraissent plus et que partout on indique la porte à ces deux personnes.

Cette feuille est remplie de phrases qui ne disent rien et est

capable de détourner l'esprit des ouvriers de leur travail de culture intellectuelle. En plus il est possible que cette feuille soit distribuée non seulement par des têtes déréglées, mais aussi par des policiers mouchards et par les mendiants de bas étage.
Voilà pourquoi nous conseillons à nos camarades du parti et aux ouvriers de ne pas avoir affaire à des hommes ignares. Il est aussi probable que nos adversaires ne considèrent pas mauvais tout ce qui peut leur permettre de lutter contre la social-démocratie. En voyant que le mouvement ouvrier nationaliste et clérical ne peut pas avoir lieu ils commencent à aider au mouvement anarchiste ici en Bohême. Voilà pourquoi on propose aux camarades comme un devoir de surveiller que les ouvriers lisent seulement des journaux social-démocratiques et que dans les réunions des ouvriers ne se glissent pas par hasard des personnes non désirées qui, étant des traîtres peuvent avoir une influence destructive sur les ouvriers. » (Die Kreis exécutive, 1903, 6 décembre Wahlkreises in Böhmen.)

Hyndmann, au Congrès de Londres.

« Ici ce n'est pas la place des anarchistes, ils ne veulent pas que les délégués parlent pour eux, etc... Qui est l'associé de nos adversaires capitalistes et de la police si ce ne sont pas les anarchistes ? Nous avons terminé avec eux, occupons-nous de nos affaires. L'anarchie, c'est le désordre et elle ne peut pas assister au Congrès.»

Mémoires de la fédération jurassienne, p. 84:

Robert Guesse et les autres ont appris au Congrès de Bâle, en 1869, que Bakounine n'est pas un espion. Liebknecht demanda de l'excuser et promit d'imprimer dans son journal que c'était à tort qu'il l'avait accusé mais il ne l'a jamais publié...

Nous lisons dans les *Souvenirs du bagne*, par l'ex-forçat Liard-Courtois :

« A Cholet, je me rencontrai avec M. Lavy, qui représentait alors (1891) à la Chambre le XVIIIe arrondissement de Paris...

...Il y avait à peine un quart d'heure que je parlais (dans la réunion publique), déjà j'avais, à deux ou trois reprises, soulevé les applaudissements de l'auditoire — et j'entrais maintenant dans la critique serrée du système du précédent orateur (Lavy).

Brusquement il se dresse et, se précipitant à la rampe :

— Citoyens, hurle-t-il en me désignant, cet homme est un mouchard, un agent de Constans. »

Les social-démocrates bulgares ont répandu la légende qu'un émigrant russe (N.-I. Mousil) habitant Roustchouk était *agent provocateur anarchiste* (1). Pour contrôler plus commodément son activité, ils ont confié la surveillance de ce réfugié au policier (sous-préfet) Topankoff, qui est en même temps membre du parti social-démocrate (révolutionnaire orthodoxe marxiste)!! Topankoff a organisé une *surveillance secrète policière* (selon ses propres termes) de ce révolutionnaire russe, à l'aide des agents de police, ses subordonnés. Il a acquis la certitude que le réfugié russe faisait de la propagande anarchiste parmi les matelots et avait des rapports avec les terroristes macédoniens (2).

En 1903, les socialistes par différents moyens essayent d'empê-

---

(1) Publié dans les (P. I. Bounda 108) (Organe officiel des Social. Juifs) qu'il est un espion russe. La calomnie était réputée par l'assemblée de tous les organisations révolutionnaires russes (Kleb I vola, N. 3)

(2) Le socialiste P. fut expulsé du parti de Warna, parce que il est un ami de Mousil et plus tard P. se fait mouchard selon les lettres anonymes à ses camarades ; le cas de son arrestation en Roumanie, comme révolutionnaire. la forcé à se taire (prochainement paraîtra en russe une brochure avec tous les documents relatifs à cette affaire)

cher la propagande de Girault à Lille, en disant qu'il est camarade du commissaire de police.

Mitallarbeiter Zeitung (Frädburg), n°˙ 7-8. (Dans l'article « *Der generalstreik* ».

« L'agent de police sous le pseudonyme Nacht a édité une brochure : *Grève générale et la révolution sociale.*

L'article se termine :

« Plus de chance avaient jusqu'à présent les anarchistes policiers espagnois. Chez nous il n'y a pas de place pour la théorie anarchiste policière de la grève générale. »

De l'affiche électorale par le candidat Levaux à Sprimont (Belgique), mai 1904 :

« Les anarchistes ne sont-ils pas payés par les cléricaux pour accomplir cette sale besogne (engager à voter blanc) ? Les anarchistes cherchent à faire nommer des cléricaux adversaires du minimum de salaire ».

Après les élections nous examinerons les mesures à prendre envers les traîtres.

Roumanie (1898) :

Nadejde écrivait toujours après l'expulsion des anarchistes dans le journal social-démocrate *Lumea Nova* que les anarchistes étaient des policiers.

Dans un journal socialiste anglais *the Social Democrat*, un soi-disant « ancien anarchiste » affirmait qu'il sait d'après son expérience personnelle que les anarchistes sont tous des fous, des espions, des criminels ou des voleurs.

Liebknecht tentait de faire passer Bakounine pour un agent du gouvernement russe, calomniait Domela Nieuwenhuis, traitait de charlatans ou d'agents provocateurs des hommes d'une pureté de caractère notoire, comme le noble et généreux Cafiero.

Dans son journal Liebknecht a publié que Werner, arrêté à Berlin pour tenue d'une imprimerie clandestine, était le même avec qui conférait Hœdel.

Quand les anarchistes italiens ont organisé en 1877 l'insurrection de Benevento, les social-démocrates à Berlin crièrent que Cafiero, Malatesta, Stepniak, etc., étaient tous des agents provocateurs. (Voir pages d'histoire socialiste Tcherkesoff.)

Du temps où ils étaient encore socialistes et révolutionnaires ils ont calomnié les anarchistes.

Autrefois cette lutte avait pour seule cause le désir des anarchistes de détruire l'autorité et leur revendication de la liberté dans l'organisation. A présent ils luttent aussi contre le socialisme, le révolutionnarisme et l'internationalisme des anarchistes.

Mais je m'arrête, car il est impossible de montrer tous les crimes des socialistes contre les anarchistes.

CONCLUSION

Ces documents prouvent bien ce que j'avais dit avant : Nous ne trouvons ni socialisme, ni révolutionnarisme, ni internationalisme dans le parti qui s'en réclame. Nous voyons le mépris de ces politiciens pour les anarchistes qui eux sont plus ou moins socialistes révolutionnaires, internationalistes.

Que nous reste-t-il à faire à nous, les révoltés? Non seulement nous défier d'eux, mais encore lutter contre eux, car ils sont nos ennemis : Nous sommes révolutionnaires et ils sont conservateurs. Nous sommes les ennemis de toute législation; ils disent qu'il n'y a pas d'autre moyen que la législation.

Nous ne pouvons pas considérer les meneurs socialistes comme des traîtres (comme ils le font pour nous), ou des imbéciles... Ils agissent comme doivent agir des hommes au pouvoir.

Si vous donnez à quelqu'un le pouvoir, il agira nécessairement pour lui et contre vous. Donc, *si vous voulez réaliser le socialisme, si vous voulez mettre fin à l'esclavage, si vous comprenez qu'il n'y a pour cela qu'un moyen, la révolution sociale. Vous devez aussi savoir qu'elle ne jette son appel qu'aux libres athlètes et qu'elle fuit* les esclaves qui n'agissent que sur les ordres de quelques personnes, car les maîtres des esclaves sont toujours les ennemis de la révolution libératrice comme vous l'avez vu pour les maîtres d'extrême-gauche. *Ne donnez le pouvoir à personne.*

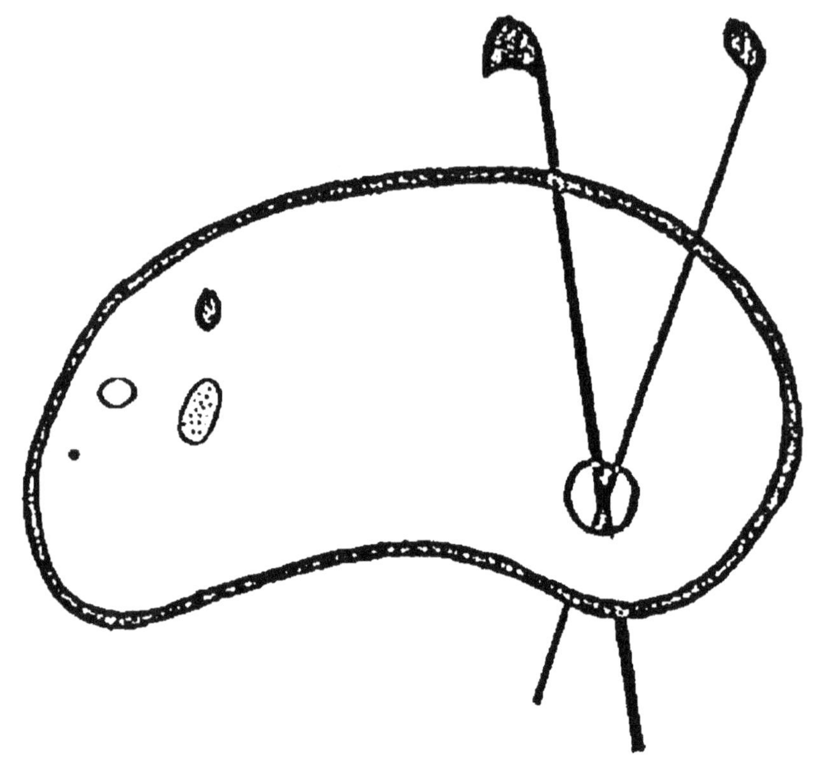

ORIGINAL EN COULEUR
NF Z 43-120-8